AF166193

Incitation aux Clamensades dans un premier chapitre et éloge à l'Anagroésie dans le suivant, vous entraînera spontanément à la découverture de révélations linguistiques par leur côté concupiscent voir libertin ou parfois tendancieux en y incluant des portions d'humour où le jeu de mot a mal à se faire oublier au détour d'une lecture étonnante provenant de l'invention de son auteur.

Concepteur de ce rudiment de phrases ; je vous le propose sous forme rimées, en un condensé de mots astucieusement utilisés afin de rendre une phrase concrète en quelque chose d'abstrait. L'intention étant de provoquer de l'ironie en se rapprochant en termes de figure rhétorique. Le registre épique accentue ou magnifie une certaine évidence afin de produire des effets poétiques dans le tragique ou le comique suivant le contexte.

Origine de la Clamensade : Pensée personnelle aux finitions rimées.

Anagroésie : Construction d'une phrase avec comme éléments l'anagramme et la rime.

ANAGROÉSIE

Contraction d'anagramme et de poésie, je me
revendique comme l'inventeur de la formule.

À tenter de traverser l'**océan**
En **canoë** assis sur son séant

Adélie est **idéale** en tant qu'épouse

Agir depuis **Riga**
Et non de Malaga

Agneler c'est mettre bas
Car en **général** c'est un combat

Amendes damnées ou grillées

Amère défaite ; **armée** pas à la fête

Anticiper comme le **praticien** et vous retrouverez
la santé

Assène des coups sur **l'ânesse**
L'ânier n'a aucune finesse

Assurée d'être une **raseuse** après sa causerie enquiquineuse

Au **large** d'**Alger**
Faut savoir nager
Pour braver danger
Pareil à Tanger

Au menu dans un restaurant de **Prague**, du **pagure** frais était proposé

Aux **préséances** succèdent les **espérances**

Avec **le commandant Cousteau tout commença dans l'eau**

Bobard à **bâbord**
Canard à tribord

BOBO : Un **Bo**urgeois **Bo**hème qui a bobo a contracté la maladie du béni-oui-oui

BRÉSILIEN : Au grand **dam** des sud-américains, **d**ouceur, **a**mabilité et **m**élancolie sont réservés aux brésiliens

Cette **érepsine** est un accroissement **inespéré** en ce milieu végétal

Charles BAUDELAIRE suffoque à **la chaleur de la braise**

Comment s'écrit le **pluriel** de **pilleur** ?

De l'**étreinte** pour l'**éternité,** j'enlace l'idée

De manière mesquine devient **rapia**
De l'avarice demeure un **paria**

Des boîtes de **céréales lacérées** ça ne peut être
que le fait d'un gourmand dévoyé

Des **indices indécis** n'ont jamais amené à une
preuve irréfutable

Des **laitiers** du genre crûs ne sont en rien
responsable de la transmission de la **listeria**

Détenue à vie sa dépression s'est **étendue**
Elle s'est donnée la mort comme bien entendu

Dispute stupide, stupide dispute, c'est du
pareil au même

Douleur **intestine** dans toute son **intensité**

Elle **cabossera** la fée **Carabosse**
La violente ensorceleuse à bosse

Elle chipote ma potiche dans son rôle
insignifiant

Elle dérouta l'**outarde**
Avec un peu de moutarde

Elle est **assurée** d'être une **raseuse**, c'est plutôt ennuyeux pour la soirée

Elle s'est **instaurée traîneuse** telle une **ratineuse**

Elles **abusent** à tort alors je me suis **abstenu** à raison

Elles étaient **hantées** par **Athènes**
Tout cela a fini en pantenne

Elles se **régalaient** de **galanteries**
De libertinage et coquetterie

En **découdre** avec le **décodeur**
La solution n'a aucune odeur

En espionnant les filles du **pensionnat**, j'ai pris pension dans les buissons ardents

En poussant les murs de sa prison dorée, cette riche **détenue** a désormais une grandiose **étendue**

Encore un **coréen** en parallèle à son semblable

Ennoblis à **Lisbonne**
Anoblis à Ratisbonne

Envoyer **ad patres,** c'est **en** quelque sorte, **s'adapter** à la mort

Ermite n'est pas un **métier**

Fiat fait aussi des tracteurs

Gare maman, je sais faire maintenant l'**anagramme**

Guérison est l'anagramme de **soigneur** mais Ana ne pèse pas lourd dans les soins juste quelques grammes

Il devinera donc que je ne suis pas **Léonard de Vinci**

Il **Élucida** la fabrique du bonbon **acidulé**
Et par les enfants petits et grands, il fut bien plus qu'adulé

Il **enduit** la **nudité** du vers pour cacher sa poésie aux rimes itératives

Il est peu probable que l'**actuaire** applique une politique d'**autarcie** tant qu'il se suffit à lui-même dans ses statistiques d'opération de finance et d'assurance

Il faut **geler** la **règle** des accents aiguës ou graves

Il **milite** politiquement à la **limite** de l'incident social

Il n'y a pas de **délai idéal** tout retard ne peut-être linéal

Il n'y a que le **parisien** qui est en manque d'**aspirine**

Il **relançait** son devenir l'**éclairant** sur son avenir

Il s'**entêtait** à porter **atteinte** aux autres

Il y a des **phrases** dans ce livre qui évoquent les **sherpas**

Ils **tardaient** à l'**antidater,** les voilà à présent dépassés

Intranet dans l'**internat** a fait place aux confidences des collaborateurs

Inutile de **ressaigner** le porc, sans peur d'**engraisser** à nouveau le goret

Investir dans les **vitrines** pour y flâner le long pour que la marchandise y soit alléchante

J'ai beau chercher des **indices** hypothétiques chez l'**indécis**, je n'en trouve pas

J'ai écrit un **scénario comique** sur la **crise économique**, certains ont ri jaune

J'ai observé la **rigidité** de la **tigridie** ; j'ai bien senti qu'on se moquait de moi

J'ai une **entérite** pour **l'éternité**, inutile de s'enflammer

Je **centraliserai** les **intercalaires** dans mon classeur pour éviter le foutoir

Je comprends la **colère** du **créole**
Quand le pidgin atteint son auréole

Je **filmerai** la vie par son côté **familier**
Dans le quotidien de ces familles par millier

Je la **divinise**
Elle m'**indivise**

Je m'**éternise** dans la **sérénité** tout en pérennisant ma quiétude

Je me suis **abstenu** car elles **abusent**, toutes les politiques que l'on me propose ne me conviennent pas

Je **mentirais** s'il fallait tous les **amnistier**

Je ne pouvais pas **deviner** ce que vous alliez **devenir**

Je **porterai** un coup d'état à la santé de **Prétoria**

L'**ânier renia** son **ânière** parce qu'elle avait dit une **ânerie**

L'**animisme** a la **mainmise** sur les éléments natures en plus des êtres vivants et autres objets

L'**anonyme monnaye** sa discrétion

L'**Elian pauvre**, ne se remet pas de la mort de **Paul Verlaine**

L'**opiniâtre** n'**opinerait** pas de la tête s'il ne manifestait aucune ténacité

L'**oracle** de Dieu à **Carole** a donné anagramme

La chose s'est **éprise** de moi
Aux enchères, **prisée** sans émoi

La douleur **intestine** s'accentue dans son **intensité**

La femme **idéale** est **Adélie** parce qu'elle n'indiffère pas à la lettre près

La file d'attente **serpente** puis enfin se **présente** au guichet

La **magie** de l'**image** donne une certaine ambiguïté

La **minute** se **mutine**
Et la seconde s'obstine

La paille en bambou dans mon verre se veut
gardienne de ma **grenadine**

La **patience** du **capétien** est à l'image de leur
dynastie

La **police picole** (ça se serait) !

La **Russie** m'a **réussi,** j'ai gagné à sa roulette
certes de façon aléatoire

La **Vente** de ce vin à l'**évent** altère le 20 de ce mois

La **versatilité** de l'opinion publique fait dire au
relativiste que dans son inconstance, elle ne peut
avoir de principe

Le Caire éclaire ses pyramides qui la contemple

Le **deuil** n'atténue pas la douleur, il la **dilue**
seulement

Le **laideron** n'est pas sérié en classe **ordinale**

Le **lin** du **Nil** au fil de l'eau se défile

Le **monde** qui se retourne à l'envers
Équivaut à un **démon** univers

Le **pastiche** d'une **pistache** ne germe point

Le péché **originel** entache surtout la **religion**

Le plaisir **dense** se trouve seulement dans les **édens** touffus

Le têtu **opiniâtre opinerait** du chapeau bien plus souvent qu'un docile personnage

Les **aigrettes** n'ont pas de **stratégie** d'après un habile héron

Les **arts** de la rue se lézardent par manque d'artiste
Pareil à la **star** du hard qui sort tout show de la piste

Les **caniches** sont entravés par des **chicanes** qui les font zigzaguer

Les **maris amers de Marie** sont à **aimer**

Les **ovins** sont sur terre comme les **ovnis** sont dans l'espace

Les **régents** règnent épisodiquement comme une plume **sergent** major le fait sur une missive d'état

Les réjouissances de **Noël** peuvent se détacher de la saison hivernale lorsqu'on s'appelle **Léon**

Mainmise sur l'**animisme** telle l'âme des animaux

Marchandises **taxées** sauf l'**extase** transportée hors d'elles-mêmes

Merci pour l'acte lourd en séquence
Le **crime** se juge par conséquence

Mes **adieux** aux **idéaux**
Se sont faits en vidéo

Moins **dense** est l'enfer, plus grands seront les
édens

Négociable n'est pas **obligeance**
Comme aliénable l'est pour allégeance

Niche en **Chine** et non sur **l'étal létal** ...

Nous nous sommes **établies** dans la remise par
toutes les façons **bestiales**

On a réglé à l'**amiable**
La façon d'être **aimable**

On ne bâtit pas d'**église** avec des **lièges**, sauf peut-
être à Reims

On ne connaîtra jamais le péché **originel** de la
religion

On ne **numérisera** jamais les **numéraires** parce
qu'ils sont d'une espèce monnayable

On ne **réutilise** point les oranges des **tuileries**
pour remettre en place une monarchie sans l'aval
d'une bonne garantie

Onze en **zone** libre ; s'occupent à garder la balle

Opter pour la **porte** (ou fermez la)

Oser être **Éros** et grimper sur l'Olympe, on ne pénètre pas le jardin secret des dieux grecs

Par **déraison** je dois **anodiser** ma résistance ; la réaction est anodine paraît-il !

Poculer s'accouple à **copuler** c'est une transposition alors buvons à la fornication

Polariser les **paroliers** à leurs mots
Sans toutefois accumuler d'autres maux

Pour avoir confectionné sept **épaisseurs** de peau
Alors là, aux **peaussiers,** je leur tire mon chapeau !

Préposer donc à **Prospère** de prospérer

Qu'il soit **Laurent** autant qu'il le soit **naturel** quand il conduit sa **Renault**

Quand on **numérisera** les **numéraires,** vous m'avertirez

Quand un **chien** va à la **niche** en **Chine** c'est qu'il a fait du **cheni** (désordre)

Question assurance l'**actuaire** à l'heure actuelle a mis ses prévoyances en **autarcie**

Radin pas un **dinar** à distribuer généreusement

Ramsès avec l'âge s'est tassé
Il faudrait son crâne le **masser**

Réadapter la façon de **pétarader** de manière à ne
pas trop augmenter les décibels

Réassigner à résidence
Et s'**engraisser** à l'évidence

Rien n'est établi avec la relativité d'Albert
Einstein

Ripas sur les pavés dans **Paris**
Tout comme glisser à Bari

Rome or me ? That is the question !

S'**obstiner** à fermer les **robinets**
Ou bien de l'intérieur les cabinets

Sa **bonté** est en **béton**
Sa santé aussi dit-on !

Saliver sur ses **rivales**
Tes postillons, tu ravales

Selon qu'on fête plusieurs **noëls** le même jour ; on
peut célébrer qu'une seule Pâque le lendemain

Si **indolore** s'oppose à **endolori**, tous deux
s'imposent comme permutations antagoniques

Si je devais **résumer** votre travail ; à **mesurer** mes
paroles, je dirai que vous l'avez raccourci

Si un **pélican** se perche sur un **pinacle**, je me fais
cône de déjection

Suis en **peine** et devient morose
Avec cette **épine** de rose

Sur mon bouillon **clairet** de culture ; j'ai mis en
bactérie mon premier **article**

Tes **notes** en **sténo**
Posées sur le piano

Tristan *usite* trop d'**Iseut** pour sa légende

Tu **brameras** comme un cerf au fond des bois
quand tu seras dans l'**embarras**

Tu **caressas** la **rascasse**
Je câlinai la bécasse

Tu **élargies** tes perceptions afin d'**égaliser** mes
intuitions

Tu **empiètes** sur mon **septième** ciel
Tu le chevauches, c'est superficiel

Tu me **répètes** sans cesse qu'elles ne doivent pas être **prêtées**

Tu me **restitues** ma **tessiture**, je te rends ton ambitus

Un **bruit** court dans la **tribu**
Ce pet je me l'attribue

Un **centraliste** jouant des coudes pour s'essayer aux **clarinettes**

Un frère **utérin réunit** son cousin germain, histoire de cousinade

Un **génie** tanqué dans la **neige** perd de sa crédibilité

Un **îlot loti** dans l'océan
Des îliens, restent sur leur céans

Un **tsar** dans son empire devient forcément la **star**

Un **voilier** s'est échoué sur les branches tutélaires d'un **olivier**

Une **abeille** à la couleur **isabelle** ne butine que les fleurs de même nuance

Une **Entrave** à l'alcool, me retient dans cette **taverne**

Une **ibère** imbibé de **bière**
L'hispanique se dit beaucoup moins fière

Une **peur pure**
En vous suppure

Une **vente** à l'**évent** éventuelle, pourquoi pas !

Unis à son **insu**
Dans le même tissu

Verdie, noire et roupie de **sansonnet**, ne peuvent être que **sonnantes** et trébuchantes comme étourneaux femelles

Vincent Auriol, **voilà un crétin** qui prétend, dans une correspondance avec Léon Blum, depuis Vals les Bains, dans sa prison sans bulle, un temps pétillant, était convaincu de la victoire des démocrates sur le nazisme et le fascisme

Votre chef, il faut le **vénérer** pas l'**énerver**

CLAMENSADE

(citations aux bouts rimés*)

À accompagner son monde est parfois
dommageable
À ne pas l'escorter est fréquemment envisageable

À adresser des excuses en froissant la langue
française
Cette désobligeance orthographie un certain malaise

À armes égales l'importance est celle du plus fort
Ainsi le plus faible ne pourra s'en remettre qu'à la
mort

À beaucoup mettre des ellipses dans un texte
Tous les mots paraissent sortir de leur contexte

À ce jour, je dois être probablement mort sous ma
couverture
Je n'ai pas dû survivre à la rue dans ma
mésaventure

J'ai attendu en vain de l'issue de secours, son ouverture

À ce jour, la seule pyramide que j'ai gravie
C'est celle des âges, je n'en suis pas vraiment ravi

À cet endroit pour creuser en soi un puits de science
Il faut avoir beaucoup de force et d'inconscience

À chacun sa particularité
À quiconque sa singularité

À condition que notre vie se projette dans un monde ailleurs
De ses beaux serments, nous ne pourrons en apprécier que les meilleurs

À cor et à cri au fond des bois, j'hurle haro sur la vénerie
Mon chien m'aboie" que de le faire ce n'est en rien une ânerie"

À coup de poings, à coup de pieds, à coup de queue je m'impose
Mais sur un coup de tête, la loi du plus fort, s'interpose

À divers degrés mon alcool grimpe dans mon sang
Quand est-ce que j'arrive sur le palier, Bon sang ?
Pour qu'il y fluctue à bon escient
Avant que je ne sois plus conscient

À faire l'amour sans retenue
Le désir charnel l'a obtenu
Ils se sont retrouvés nus
Comme deux beaux ingénus

À fleur de cuirasse le mal me caresse
Le combat est au cœur de ma forteresse

À fleur de l'âge, la beauté a l'éclat de sa jeunesse
S'épanouissant puis s'évanouissant tout en finesse

À force de briller jour et nuit
Le reste du temps la star s'ennuie

À garantir pleinement
Certifie sereinement

À l'affût en traqueurs à attendre les palombes
Scrutant l'horizon, y planaient en paix des colombes
De ces pauvres volatiles, fut l'hécatombe
En bon braconnier, ne chieront plus sur nos tombes

À l'Ecu le Franc Suisse
Au Dollar l'Euro puisse

À l'épreuve du temps besoin d'une aide
M'apprête à mourir en pauvre bipède
S'y prête son usure dans l'intermède
Sans assistance ne s'y greffe remède

À l'esprit bien de gens j'indispose
En tant qu'auxiliaire je m'impose
L'attribut de mon être l'expose

À l'heure consacrée des croissants
L'appétence va en s'accroissant
C'est du pain béni au chocolat
Que va apprécier Nicolas

À l'heure des regrets, les remords sonnent à contre-
cœur
Auprès de ses désirs, il est temps d'exprimer sa
rancœur

À l'homme-mage
Rendre hommage
C'est bien dommage
Qu'on l'endommage

À l'issue de leur querelle
Ils n'avaient d'yeux que pour elle

À l'ombre d'un vieux chêne sessile
J'ai écrit un poème à Cécile
Il commençait par l'amour est scissile
Mais à moi a préféré la Sicile

À la besogne c'est un jour trop tôt qu'apparut la
paresse
Pour qu'elle s'en aille dans le sens du poil elle se
caresse

À la portée des Femmes est placé le droit de
l'homme
Libre pour elles de l'inscrire sur leur curriculum

À la réflexion, je me colorise
À changer de teint je me l'autorise

À la vérité quand j'y songe
Dans mes facéties je replonge

À m'affirmer le plus herculéen je me conditionne
De mon assurance olympienne les dieux me
rationnent

À ma suite s'en suivra une dangereuse submersion
Ma personnalité cependant restera en immersion

À me prononcer suis peu enclin
Entre décadence et déclin

À Mézieux la mémoire d'une enfance cachée
À mes yeux un souvenir heureux par la haine gâchée

À perdre toute apparence d'humanité
En diplomate déchu de son immunité
De l'être ordinaire je n'étais qu'une formalité
J'ai égaré mon entité morale en finalité

À qui se fier
Se crucifier !

À s'être dévoyé dans votre grandeur
Il n'est pas dit de retrouver sa grandeur

À sa poésie a su s'arrimer
Versatile entre deux bouts rimés
Il fait du vers l'évanescence
De la rime l'effervescence

À se croire une iridée
Non personne n'en a eu l'idée

À sentir la nature moi je ne retiens que ses odeurs
Je m'époumone pour elle je la parcoure en rôdeur

À t'aider grandement m'emploie
Je n'accomplis pas d'exploit
Toute mon énergie déploie
Pourtant sous mon aile ploie

À tour de rôle on prend du bon temps
Pour faire la fête aussi longtemps
Que la musique en première instance
Celle qui fait boum-boum avec insistance

À un méchant coup de tête je m'expose
Ma pensée posée cependant s'interpose

Absorbeurs de tous mes mensonges
La terre est une éponge
À la vérité quand j'y songe
Dans mes facéties je replonge

Accrédité aux divertissements
C'est l'addiction sans avertissement

Accumule fortune en premier lieu
Même si vertu n'est pas en son milieu

Adjurez la femme pour ses suggestions
Ne la sollicitez pas pour ses gestions

Adresse-toi quand t'as rien
À tes frères Qatariens
Une fois installé dans l'opulence
Avec ta richesse en insolence
Pense à peser le pour et le contre
Car un jour , ils iront à ton encontre

Affaibli en chair à mourir ne demande ... peuchère
Affermi en viande à me nourrir je surenchère

Afin de pouvoir s'instruire
Il faut d'abord se construire

Afin de s'entretenir avec un célébrissime auteur
De son livre, il faut être à la page et à la hauteur

Agoraphobe en lieu et place
L'inquiétude partout se déplace

Ai-je besoin de croire en quelqu'un ou bien à
quelque chose ?
Parce qu'on me l'impose cette nécessité m'indispose

Aimer l'amour jusqu'en jouir
C'est téméraire d'en ouïr

Aimer un mal
N'est pas normal
Un bien à endurer
Lui ne peut perdurer

Ainsi choir de ce pas
C'est tomber n'est-ce pas !

Alors que la fausseté foisonne
Le despotisme nous empoisonne

Amas adipeux à la taille
Amis d'avoir peu les détaille

Apprenez des quelques secondes qui vous reste à
vivre
Que l'immortalité n'a aucun besoin du savoir vivre

Assis sur mon siège de cabinet d'aisance
Trône en seigneur et force sans complaisance

Attente et contrainte rongent leur frein
De leurs maux, on en connaît tout le refrain

Au cabaret de la dernière chance plus que morose
Dans mon delirium tremens j'ai vu un éléphant rose

Au cœur de son songe sur le tarmac
Plus tard se prélasser dans un hamac
Dans ses pensées un divertissant micmac
Tout ça pour amerrir sur le Potomac

Au dénouement il y a parfois une fin heureuse
Sachant qu'à la source elle est souvent malheureuse

Au détour de l 'attention le piège est tendu au
renard
Par sa ruse légendaire il évite le traquenard

Au diable les grands mots
Odieux en sont les gros

Au fil du temps mon amitié s'est bien bonifiée
D'amis fidèles vigoureusement tonifiée

Au grand Maître très puissant on obéit
Il en va ainsi dans une abbaye

Au jeu de la mourre, cartes parmi mes doigts
J'ai joué du nombre comme il se doit

Au jour J à l'heure H
Je déterre la hache
Plantée à cœur dans une multitude de cadavres
Sacrilège de les avoir exhumés je m'en navre

Au juvénile, une vie incorrigible
Au vieillard une activité intangible

Docteur j'ai vécu une folle existence
Délivrez-moi enfin de cette persistance

Au marivaudage
Le mari volage
Au batifolage...

Au mourant grand bien lui fasse
Que la mort le mal efface

Au naturel l'homme sa pénitence défoule
Certains le font au milieu d'une foule
Quand elles piétinent leurs semblables on dit
qu'elles sont maboules
C'est bien connu, seules, les plus déraisonnables
perdent la boule

Au nom de Dieu des hommes plus ou moins bons
agissent
Mais d'autres œcuméniquement ne réagissent

Au nom des cieux aidez-moi à le baptiser
Avec lui en ami je voudrais pactiser

Au pied du mont de piété j'y ai déposé tous mes
gages
Le poids de la pitié ne pesait pas lourd dans mes
bagages

Au pire avec moi on s'attend
Dans le rôle mauvais de Satan

Au sens intuitif des valeurs esthétiques
J'ai pris mauvais goût pour la beauté étique

Au sens propre comme au figuré
La forme peut y être augurée

Au seuil de la pauvreté s'engouffre le nécessiteux
L'accès à la fortune n'est réservé qu'aux chichiteux

Au soleil exposé torride est l'ambiance
Blottie contre son panda en toute confiance

Au stade où j'en suis englouti par des tifos
Donnez-moi le score je n'ai aucune info
Je dois m'extraire de cette ola
De leur ferveur y mettre le holà

Au vent mauvais tout autant en emporte le ventru
Pour avoir brisé la jarre de vin ce malotru

Au-delà du n'importe quoi
À se demander bien pourquoi !
Il n'y a pas de quoi
En rester vraiment coi

Aussi précieux que l'amitié soit fidèle
Je m'apprête à la prendre pour modèle

Autant de vertus autant de défaut
Tant dans le meilleur je m'inscris en faux

Autour de mon cadavre
Personne ne se navre

Autour de ses gouttelettes projetées en aérosol
L'impureté gesticule derrière mon grand parasol

Autrefois un livide a partagé cette couche
À ce jour de ce lit vide un homme las découche

Aux accablés de s'en emparer
Puisque la chance un jour paraît

Aux affaires temporelles le vidame
Moi ne suis pas sur la même longueur d'âme

Aux assises des vertus
La constance s'évertue

Aux braqueurs l'échec du hold-up une déroute
À contrecœur on appelle ça aussi une banqueroute

Aux yeux de la mansuétude n'ai pas eu grâce
De mon forfait je n'ai effacé aucunes traces

Avec ambition et honneur on atteint parfois les plus
hautes sphères
Il est bien manifeste que pour cela il faut changer
d'atmosphère

Avec des si on se conditionne
Avec des oui on s'ambitionne

Avec Eddy j'ai échangé mes E D I
(Échange de Données Informatisées)
C'était pour moi quelque chose d'inédit
Il s'est proposé à m'aider
En lieu et place d'Amédée

Avec l'emploi de synonymes
Les mots ne sont plus anonymes

Avec la mort ensemble danse
Chacun en a l'outrecuidance
En l'empêchant de s'exhiber
L'idée en est de l'inhiber

Avec le temps deux associés
Ne peuvent que se dissocier

Avec mon calumet dans la toxicomanie
En paix provisoire, fortement je communie

Avoir la maîtrise de l'effroi
C'est comme si vous vainquez le froid
À condition de recouvrir votre peur
Comme celle de l'ours envers le trappeur

Badinage ou batifolage ne s'oublient
Au marivaudage davantage ils se lient

Baptisé malgré moi sur des fonds baptismaux
Depuis avec Mère Église j'ai des maux

Bavarde comme une pie se met à table
Et puis en œuvre par son action charitable

Beauté en touche
Quelques retouches

Belge est la frite et gourmet est le français
Outre Quiévrain les sourcils ont bien plus que
froncé

Belle est la femme dite sans artifice
Du principe qu'elle n'en tire bénéfice
Qu'elle prouve sa sensualité loin de tous maléfices
Sa beauté et son charme en rien coupable de
vénéfices

Bête à concours si j'y échoue
Ça sera bête comme chou

Bien d'objets dans les mains de l'homme sont le
tourment
L'idée de les mettre en bouche vient du gourmand

Bien d'objets dans les mains des femmes sont une
ambiguïté
Un peu comme si le désir leur était une incongruité

Bien de choses pour l'homme deviennent un très
lourd fardeau
À l'idée que son bât le blesse pareil à un bardeau

Bien obtenu bien déboursé
Après avoir le mal coursé

Bien suffisant si on ne désire pas davantage
Je suis du reste pour un équitable partage

Bons ou mauvais caractères
Tous se jugent sur critères

Briser l'estime entre nous
L'un y restera à genoux

C'est au pied du mont de piété que tu as déposé tes
gages
À éviter d'escalader ses difficultés tu t'engages

C'est comme mettre une perruque à une perruche
Ou bien un autrichien sur le dos d'une autruche

C'est comme si je faisais des gammes
Je donne le La à toutes ces dames
Mais qu'est-ce que je leur chante-là ?
De ma voix sortie de l'au-delà

C'est dans un village qu'on cache sa célébrité
C'est en ville qu'elle se fait avec célérité

C'est du sens contradictoire
Pas de quoi crier victoire

C'est mourir sans l'aide d'un quelconque Dieu
Mais entouré d'amis

Qu'à ma belle vie j'ai dû dire adieu
Je me l'étais promis

C'est ne pas pouvoir transformer le flegmatique
De façon et de manière automatique

C'est peine perdue que de critiquer le trivial
Il restera en lui toujours un côté bestial

C'est plus sanglant qu'un Jacobin
Qu'on noie sournois dans un grand bain

C'est un tort de régresser
Lorsque l'on peut progresser

Ça palpite excessivement dans mon corps
Entre eux les médecins ne sont pas d'accord
Envahi par l'émotion mon cœur capitule
La mort dans l'âme hélas, cela s'intitule

Ce n'est pas l'ennui qui est dans l'uniforme mité
Mais l'homme qui s'est installé dans l'uniformité

Ce n'est pas la guerre en elle-même qui est dure
C'est la stupidité de l'être humain qui l'endure

Ce n'est pas la mire qui se déplace
Son point de visée lui reste en place
En retenant votre souffle si possible
Vous atteindrez comme objectif la cible

Ce n'est pas par le fait du hasard

Qu'on se prétend banlieusard

Ce n'est qu'un au revoir à la rue des adieux
Le prochain locataire sera le bon dieu
Puis contraint je m'en irai au diable vauvert
Le pandémonium dorénavant m'est ouvert

Ce qui renvoie l'image négative de la futilité
C'est qu'elle altère notre propre frivolité

Ce soir par désespoir je tente
De dresser une toile de tente

Cela semble défier mon pari hasardeux
Avec ma gageure j'ai fait ni une ni deux

Céleste anthropomorphique en tant que divinité
Comme Manitou j'ai créé l'histoire de l'éternité

Celui qui foule le mauvais blé
Aura bien du mal à s'attabler

Celui qui s'éloigne biaise le journalier
Son absence prolongée devient son allier

Celui qui sillonne la glèbe ne périra pas
Celui qui la piétine sera privé de repas

Certaines des lois indues
Donnent des libertés rendues

Certaines prières sont récitées dans l'ordre
Pour ne pas en perdre le contrôle
Autrement un blasphème on frôle
D'un Pater Noster mauvais l'idée est à tordre

Certains au long de leur vie sont bouffés par l'impôt
Mangeant leur fortune ils ont la mort en dépôt

Certains ont la mort aux trousses
Et d'autres de leur fin ont la frousse

Certains sont taxés de grands despotes
Moi je m'impose d'avoir des potes

Cette terre ingrate n'engendre rien
Seul peut en disposer un prolétarien

Ceux qui brisent des pacotilles
Règle leur casse en vétilles

Ceux qui frôlent la mort dans un moment crucial
Ils ne peuvent que renifler son air glacial

Chacun à son caractère individuel
Inutile de les faire battre en duel

Chaque trépassé est forcément encensé
Même si le mort d'être bon n'est pas censé

Chas alors'' dit la passoire à l'aiguille ''tu as un
trou en pleine face''

Celle-ci de lui répondre "Chafouine et toi c'est sur toute ta surface"

Chemin emprunté à la dérobade
En fuite dans une folle gambade

Chercher la petite bête dans l'univers de l'homme
C'est fureter dans ses parties très intimes en somme

Choir ainsi de ce pas !
C'est tomber n'est-ce pas ?

Combattre est déjà une victoire en soi
Mais en tant que vaincu, la défaite nous déçoit

Combien d'Icare se sont brûlés les ailes ?
Pour les beaux yeux bleus d'une mademoiselle
Tombant amoureux avant de chuter dans la mer
Enduit de cire leur laissant un goût fort amer

Comme la défiance est universelle
La vaillance ne peut être que personnelle

Comme on parle du nez ou qu'on chante des oreilles
Toutes autres organes en subissent la pareille

Comment cela se fesse !
Seul s'en va à confesse

Comment taire ?
Un commentaire

Compagnons et compères m'accompagnent d'estime
Compagnonnes et commères le font en intime

Conserver la ville de Tallinn dans la naphtaline
C'était se préserver de l'abominable Staline

D'abus il faut user
De trop pas abuser

D'effroi, je glaçonne
Quand le glas sonne

D'enregistrer tous vos remords tous vos regrets
Votre mémoire ne vous en sera pas gré

D'hommes faméliques notre terre à nourrir tente
Alors qu'un autre genre de culture se sustente

D'un bar à l'autre j'écluse
Dans une vie fort recluse

D'un mode possessif voire exclusif
Le jaloux rend le grand amour inclusif

D'une façon irréprochable l'invincible
Est celui qui ne se trompe jamais de cible

D'une foule anonyme
Je suis proche synonyme

D'une mère colombine
La guerre par sa combine

De son fils chéri lui rend son cadavre
À la paix fragile gâche son havre

Dans l'achat d'un bétail
Les queues font le détail

Dans l'attente l'araignée a tissé la sienne
Dans la tente le campeur avec fait des siennes

Dans l'espace infini au-dessus de nos têtes
Du paradis dans ton songe profond tu t'entêtes

Dans l'impossibilité de conquérir un objet
C'est préférable au plus vite de la négliger

Dans la bande c'est moi qui criais le plus fort
Dans la meute de peur j'hurlais jusqu'à ma mort

Dans la cassolette effluves et odeurs prennent
l'avantage
Elles aromatisent le mets que les convives se
partagent

Dans la tourmente le marin émoussé n'a d'yeux que
pour le Suprême
Ce dernier pourtant ne tient pas la barre par-delà les
extrêmes

Dans le mot régional indigène
C'est sa terminaison qui me gêne

Dans les couloirs du Vatican quand il y déambule
Le vieux Pape se prend à rêver d'y coincer la bulle

Dans les travers du milieu carcéral
Au sein d'un pénitencier fédéral
Songe évasion en rase campagne
N'aie l'échappée belle pour seule compagne

Dans mes conceptions plutoniques
J'entends mes amours platoniques

Dans sa lecture la bible vous laisse perplexe
En relecture elle devient assez complexe

Dans sa totalité le bonheur un jour va vous
apparaître
Dès le lendemain il pourrait tout aussi bien
disparaître

Dans ses envolées littéraires
Extravagant sur son itinéraire
Il ne sait quelle route prendre !
Ne cherchez pas à tout comprendre

Dans ton univers s'élève haut la joie de vivre
Dans ma misère je m'agenouille pour survivre

Dans un avion pour le voyageur touriste en
souffrance
Juste sous les cieux bleus se trouve les beautés de la
France

Dans un grand excès d'élégance
J'en ai plus qu'assez du convenable
Il me suffit d'un peu d'irraisonnable
Et guère peu de manigance

Dans un jour très mauvais et rempli de violence
Ma méchanceté baigne dans l'ambivalence

Dans un regard affectueux
Se lit l'amour voluptueux

Dans vos songes vous voyez Dieu en urbi et orbi
Moi je l'ai vu cloué à une croix, fort estourbi

De badinage en batifolage ne s'oublie
Au marivaudage davantage se lie

De chair et de sang son corps en fait un péché
Il n'y a pas d'âme qui peut l'en empêcher

De faire les choses ainsi me permet
De les styler autrement en rien n'admet

De faire sa révolution
Est un acte de volition

De l'atteindre j'ai peur que je n'y arrive
Le but est de l'autre côté de la rive

De l'audace encore de l'audace
Mais pourvu qu'elle ne soit pas fadasse

De l'insouciance le portrait cabot
Nous étions tous jeunes et très beaux
Perchés que nous étions sur l'escabeau
De la peur de vieillir un placebo

De la banque le casse quoiqu'il en coûte
Les braqueurs du coffre-fort sont à l'écoute
Du déclic au signal d'alarme
Passant de la fumée aux larmes

De la prospérité à l'obscurité
Le passage n'est pas toujours mérité

De la rime l'effervescence
Jusqu'au vers son évanescence

De la voiture pie
Il pointe son P I E (Pistolet Impulsion Électrique)
En prévision d'une décharge
Un incident étant en marge

De le massacrer le chasseur s'en moque
Il me glace les sangs ce bébé phoque

De le ramener à la raison je le pressentais
Juste avant de retrouver la maison de santé
Il a perdu à la fois l'esprit et le nord
En ayant enlevé sa tête de son corps

De longue durée fut notre conversation
Dure fut de la mettre en conservation

De lui j'attendais davantage de rapacité
Je déplore une absence de ténacité

De ma propre pensée je suis l'objet
Je me dispense d'un autre sujet

De marottes se garnit mon esprit
Mon entendement en est fort surpris

De mes parents j'ai appris à foison
De la vie j'ai évité son poison

De mes parents leur ai pris confiance
De mes femmes (hommes) j'ai compris méfiance
De la vie le mépris de la défiance

De sa pureté génétique est convain**ku**
Qu'il est raciste j'en con**klu**
Faut-il être pour autant de son **klan**

De ses yeux couleur colère
Ses orbites riboulèrent

De son existence il est temps de prendre la mesure
C'est la fin d'un processus de dégradation et d'usure

De son vivant le mort impressionnait
Maintenant il ne peut qu'émotionner

De toutes les peluches
Je suis leur   coqueluche

Debout éveillé ils s'analysent
Et puis tes songes se matérialisent

Dentifrice dentine
Enfantin enfantine

Déposer notre âme divagante
Selon nos illusions extravagantes
C'est mourir de façon élégante
Ou de manière fort intrigante

Derrière son loup se cache une arme redoutable
Démasqué un sourire de face lui est imputable

Des circonstances j'ai gagné le concours
À la dernière chance j'ai eu recours
Ma ligne de vie a dévié de son cours
Pas un quidam n'est venu à mon secours

Des cris et des chuchotements s'élèvent contre ma
sentence
Mais les clameurs de la foule me portent jusqu'à la
potence

Des êtres humains occasionnellement refont leur vie
certes
Mais ils ne peuvent récidiver leur mort une fois
inertes

Des guirlandes d'intrigue se suspendent dans ma
chaumine
De mon histoire enfin éclairée rien ne s'illumine

Dès l'aube j'irai jusqu'aux aurores
Et peut-être au-delà encore !

Des maux dans son corps s'incarcèrent
Les douleurs de sa vie
l'ulcèrent

Des poésies océaniques
Aux influences ossianiques
Le romantisme parfois ondoie
Qu'un poète en furie rudoie

Des salades au bon pan bagna
Au cas où un en-cas il n'y a
En niçoise ne m'en raconte pas
Surtout après un excellent repas

Des yeux avides pour un désir ardent
De l'amour immodéré sont regardant

Désespérance et désillusion respectives
Se reflètent dans la déception en perspective

Détruire vainement des concepts de valeur
C'est faire à la société bien de malheur

Devant colère et peur je deviens impassible
Le sentiment de l'émotion m'en est impossible

Devant l'amour et la mort
Il ne sert à rien d'être fort

Devant la cinquième colonne
Partisane ou bien félonne ?

Devenir impassible
Face à l'impossible
C'est ne pas pouvoir transformer le flegmatique
De façon et de manière automatique

Dieu a construit le monde en oubliant ses
fondements
Alors la société des hommes a émis ses
grondements

Dieu a mis les hommes sur terre pour que le diable
les avilisse
Le démon les a renvoyés illico aux cieux sans qu'il
en palisse

Dieu de croire en lui nécessite une foi incroyable
En ce qui me concerne envers lui je suis impitoyable

Directement fleuri du langage
Dans le pré tout nu est là son gage
Aussi vite du lieu il dégage
Sa pudeur pour unique bagage

Distribuer ne rime pas avec retenir
Tout comme contribuer pour obtenir

Divertissement et tourment partage la même couche
Comme un lit entre libertine et sainte nitouche

Dix commandements anciennement se gravaient
sur décalogue
Aujourd'hui dix commandes se numérisent au
catalogue

Dix commandes se scannent au catalogue
Et certainement pas sur un décalogue

Docteur j'ai vécu une folle existence
Délivrez-moi enfin de cette pénitence

Doit-on vénérer affectionner estimer chérir et
glorifier tout à la fois
Pour y répondre je n'ai pas suffisamment de foi

Donner de la violence avec des jurons fleuris
C'est savoir l'importance des paroles en furie

Du cambouis s'est intronisé sur la veste de
l'académicien
C'est de la faute à l'irrespectueux mécanicien

Du cercle trace sa circonférence avec un crayon
Par rapport à pi transcendant j'en connais bien plus
qu'un rayon

Du délectable l'homme est perverti
Mais personne ne l'a averti

Du fait d'infractions à la syntaxe par son aplomb
L'auteur de son texte n'en tient pas compte tout au
long

Sa notoriété publique lui permet cet encart
Si bien que l'orthographe est remisée au placard

Du monde se faire connaître
De plénitude bien naître

Du mot fin ose
L'apothéose

Du nom d'un supposé Dieu
L'homme est devenu extrême

Du suicide de la charcutière Adèle
Ne pas en faire toute une mortadelle

Elle avait une bonne place au bureau
Lui est parti elle est restée sur le carreau

Elle est trop irraisonnable et immense
Celle dont je qualifie ma propre démence

Elle s'est déplacée de mon lit à mon conduit auditif
À se porter à mon oreille je suis resté attentif

En avoir pour son argent au jour le jour en banquier
spécule
En vouloir s'en procurer toujours ce jusqu'au
moindre pécule

En ce bourg tout au fin fond de la Bresse
Celui qui l'habite ne s'oppresse

Il est gens heureux que personne ne presse
À vous transmettre son bonheur il s'empresse

En complète divergence
Malmené par l'exigence
Faire dans l'indulgence
À la façon urgence

En directeur de conscience il vous prend sous ses
ailes protectrices
Pour réparer de votre cœur fragile vos vilaines
cicatrices

En gibier méritant la potence
La venaison connaît la sentence

En grand seigneur j'ai été chic
J'ai évité d'emblée le hic
Important dès lors qu'on parle de fric
Entre ripoux autant gangster que flic

En guerrier puissant n'ai rien à perdre de combattre
Mon ennemi a tout à gagner à se débattre

En gymnastique versatile
Le sens prend figure de style

En joyeux luron prisé de ces dames
Son entrain et sa gaîté le condamne
Sa peine lui damne le pion
De l'amour devient un lampion

En l'empêchant de s'exhiber
L'idée en est de l'inhiber

En l'espace de 24 heures jour comme nuit résulte du
nycthémère
J'ai mis tout ce temps à rechercher une rime riche à
nique ta mère

En mauvais état il est vrai
Pour bientôt je lui survivrai

En ne sillonnant pas sa vie vers la tolérance
On piétine à petits pas celle de l'errance

En père peinard et papa dodu
À son image a correspondu

En plumé d'être un volatile gras je me *d'oie*
Et d'engraisser mon foie l'humain s'en fait une joie

En première lecture c'est un conte d'enfant
Après examen du texte rien de triomphant
Le récit est à peine ébouriffant
Il trompe le lecteur comme l'éléphant

En retenant son souffle si possible
Vous atteindrez comme objectif la cible

En revenant d'exil comme un célèbre elbois
Ne m'avouerai pas vaincu ni même aux abois

En s'assoupissant le dénigreur
Attisera de trop son aigreur

En s'écartant la divergence
De par sa propre exigence

En se déguisant et en se dissimulant dans le
troupeau
Pour la repérer il suffit de lui enlever son chapeau

En tant que bon diplomate
Au mensonge s'acclimate

En tant que prétendu dieu du plaisir
J'ai disposé de l'homme à loisir
Autant pour la femme par le désir

En un individu affecté
De vouloir partir suis suspecté

En un saut de puce j'ai traversé la savane
Susurra un impudent ardélion
Accrochait à la crinière du lion
La préférant aux chameaux leur lente caravane

En un tout elle se détermine
En un rien de temps on la termine

En une fraction de temps j'ai dû réfléchir à mettre
l'univers en place

Mais trop terre à terre ma pensée s'est égarée dans
un autre espace

En voulant à moi seul croquer le monde
J'ai eu une indigestion immonde

En y mettant les pieds dedans j'ai un gros mot
prononcé
Et puis zut à poursuivre de la sorte j'ai renoncé

Ensemble la tête tranchée tout au bout d'une pique
Comme conclusion on ne peut pas faire plus épique

Entre l'altercation et la controverse
L'arbitrage évite les foudres ou l'averse

Entre maquereau et maquerelle
Une friction toute naturelle

Entre vérité qui dérange et mensonge qu'on susurre
De ne pas les entendre pour certains quelque part
les rassure

Entreprendre dans le contexte
Peut être excellent prétexte

Envers son prochain à lui porter secours
À la charité pour unique recours

Essayez de s'enrichir à crédit
C'est se prendre tous les sens interdits

Est en complète divergence
À son exigence
Fait dans l'indulgence
Tout comme une résurgence

Est-ce bien raisonnable de courir la prétentaine ?
Après avoir dépassé largement la soixantaine

Est-il besoin d'avoir des mains flegmatiques
Lorsque vos amours sont pragmatiques

Est-il nécessaire que certains individus soient
morigénés
Alors que d'autres de les tancer ne se sont pas trop
gênés ?

Et force reste à la nature
Malgré qu'on la jette en pâture

Et je tombe un pied dans le moindre
L'autre s'empresse de l'y rejoindre

Et moi je dis que cela vous interpelle
Comme on défait son lit on se les pèle

Et mon audace si lâcheuse
Dans cette épreuve fâcheuse

Et pour avoir atteint les cimes pyramidales
La gloire m'est restée coincée dans les amygdales

Et quand les nues deviennent obscures
Ce qui en tombe sont des eaux pures

Et sans finesse sont mes paroles
Prononcées en un grand désordre
Certaines récitées dans l'ordre
Pour ne pas en perdre le contrôle

Et si l'épée effile la tectrice
Quand sera-t-il de l'aile protectrice

Et si la colère s'emporte
C'est que la raison l'insupporte

Et si se raser devient barbant
Barber quelqu'un est plus rasant

Être en sursis ne repousse aucun délai
Se mettre en retard l'ajournement le relaie

Je me suis levé d'un pied maladroit
J'aurais dû le faire de mon pied droit

Être logé chez Guillot le songeur
C'est être à l'enseigne d'un doux rêveur

Excès du bien-être
En ouvrant fenêtre
Du monde se faire connaître
De plénitude bien naître

Face à la mort il ne sert à rien de lutter
Sur le mot fin on finit tous par butter

Facile d'oublier quand c'est pour quelqu'un ou
quelqu'une
Quant à soi le manque se complète par des lacunes

Faire à grand frais ripaille
Peut vous mettre sur la paille

Faire du mensonge une authentique sincérité
C'est se défaire complétement d'une fausse vérité

Faire le premier pas vers l'inexploré est une sacrée
aventure
Le deuxième en direction du secret reste une
investiture

Fantasque dans ses envolées littéraires
Extravagant sur son itinéraire
Il ne sait quelle route prendre !
Ne cherchez pas à tout comprendre

Fausser compagnie de façon discrète c'est filer à
l'anglaise
C'est aussi une manière de prendre congé à la
française

Fil qui s'enroule au chas de l'aguille transformée en
pinacle
File la pelote que le chat poursuit et s'offre en
spectacle

Finirai par sombrer tel que l'a fait mon ego
Lui savait que devant la mort on est tous égaux

Force reste à la nature
Bien qu'on la jette en pâture

Foule si anonyme
Je suis son synonyme

Grand-mère Germaine a ses manies
Elle ne cousine qu'en Germanie

Grossière est mon éloquence
Que m'importe sa conséquence
Ma trivialité y va de sa grandiloquence
Elle se diffuse partout en haute fréquence

Hissez-moi bien haut la paix
Pour la saluer par respect

Homme aime femme quand il veut
Et la Femme quand elle peut

Il a perdu à la fois l'esprit et le nord
En ayant enlevé sa tête de son corps

Il est autorisé à chacun d'aller où ils peuvent
L'essentiel est de savoir s'ils le veulent

Il est convenu d'exister sans défaillance jusqu'à son
terme

Sinon l'anéantissement dans son cocon vous enferme

Il est des composés qui font des amis d'oxime
Il est décomposé avec le pauvre Maxime

Il est des malheurs qui durent toute une vie
Des chanceux qui s'éternisent et font envie

Il est des nues souventefois obscures
De ce qui en tombe sont des eaux pures

Il est des rêves qui se réalisent
Il est des chimères qui s'éternisent

Il est difficile de dire "Je t'aime"
En usant d'une série de stratagème
Il est malaisé d'entendre "Je t'aime"
Sans employer le moindre anathème

Il est dit que l'angélus est récité à ordre
Certains prieurs en Dieu ne veulent pas en démordre

Il est l'or de venir à la mine
Alors c'est l'heure qu'on l'achemine

Il est laborieux de repérer le bonheur en soi
Et improbable de le chercher ailleurs quoiqu'il en soit

Il est un fait on ne badine pas avec l'amour
Mais par contre on batifole avec le glamour

Il est un grand nombre d'oraisons
Qui protège l'âme à raison

Il était roi en son bazar
Il se dénommait Balthazar
Ce n'était point le fruit du hasard
Qu'il régnait sur un tas de falzards

Il faut bien quantité de synonymes
Pour que les mots ne soient plus anonymes

Il fermait la route je roulais à tombeau ouvert
Tout un camion sur mon passage s'est mis en
travers

Il joue trop de sa particule
De nobliau fat je l'accule

Il m'est cousin germain que depuis la fin de nos
hostilités
Il se changera en frère de lait par son hospitalité

Il n'y a aucun espoir de retour jusqu'à même la
vérité
Lorsqu'on a hérité du mensonge la sanction est bien
méritée

Il n'y a aucune honte à se nourrir
Le plus vergogneux de nos jours est d'en mourir

Il n'y a pas d'âge avancé
Pour créer son adage nuancé

Il n'y a pas de lézard
Seulement un grand bazar

Il n'y a point de colère
Tant que tu ne vocifères

Il n'y a rien de pire pathétique
Qu'un philosophe péripatétique

Il ne suffit pas de retrouver de sa verdeur
Lorsqu'on a égaré pour longtemps sa splendeur

Il ne suffit pas qu'une chose soit idéalisée
La compétence aide bien sûr à la réaliser

Il ne tient qu'à moi de demeurer encore peu âgé
Il ne tient qu'à vous de rester bien plus longtemps
passager

Il y a des gros mots que le poète magnifie
Qu'il soit dans la merde pour autant cela signifie

Il existe des jurons blasphématoires
Et des gros mots dont on ne fait pas d'histoire

Il y a du nouveau chaque jour dans l'éducation
On y apprend des choses à titre d'indication

Il y a un avantage à saisir les prérogatives
Tel se débarrasser en grand nombre des formes
négatives

Il y a un bon dieu de légende
Et l'autre que beaucoup appréhende

Incendié un cœur par les feux de l'amour
Dans l'âtre s'est en consumer tout le glamour

Inconnu **N**e **R**este **I**nconnu
Que de ceux qui ne l'on reconnu

Individu à l'aspect irrespectueux
N'aura jamais l'apparence du vertueux

Injurieux acte que cette main apathique
Dans la manière paraît peu sympathique

Injurieux geste que cette main qui m'est offerte
Vacant à d'autres intérêts de ce corps inerte

Insensé, j'ai pris le pari
De ne pas monter à Paris
J'ai grandi loin de la capitale
Pas l'envie que je m'y *hospitale*

Inspiratrice d'Eugénie
Ou impératrice de génie
C'est selon les dire
Cela va se dire

Inutile de chercher l'aventure
Elle se découvre à chaque devanture

Inutile de conjecturer sur l'ensemble que l'on discerne
Cela ne peut vous apporter à vos yeux que der cernes

J'achèterais le silence
Si j'étais plein d'insolence

J'admets les choses de faire ainsi voilà pourquoi
Car j'ai de la rancœur à accepter je ne sais quoi

J'administre la mort mais je ne suis pas un tueur
L'espoir d'en réchapper ne brille d'aucune lueur

J'ai abusé de trop mon intellect
En appuyant sur la touche select
Les effets produiront une perte de raison
De mon discernement touché sa terminaison

J'ai atteint l'âge où toutes les passions s'éteignent
Il m'en a fallu 107 pour que les atteigne

J'ai baptisé ma grenouille Matéo
Étant la reinette de la météo

J'ai besoin de rester neutre
Dans le calme me calfeutre

J'ai brièvement cherché une rime à trogne
Dire qu'à portée de ver(re)s j'avais un ivrogne

J'ai conservé de mes géniteurs leur caractères
Mais de mes caractéristiques sont réfractaires

J'ai couru après le guilledou
Mais en vain, malgré mes billets doux

J'ai décapité notre amitié en tant que bourreau
J'ai préservé tout de même un morceau dans un
fourreau

J'ai des mots outranciers que parfois je lâche
Mais sur un cahier d'écolier ils font tache

J'ai dû attendre ma septième vie de petit félin
Pour en définitive chatter comme un grimelin

J'ai écrit une thèse sur les libertés licencieuses
Les réflexions à ce sujet sont demeurées silencieuses

J'ai enfilé la robe noire de l'avocat au nom du diable
Ma plaidoirie au nom de la justice a été plus que
fiable

J'ai énormément d'amis virtuels
Qui se dissipent aux faits actuels

J'ai fait un laps de temps illusion
Prenant un instant à l'allusion

J'ai hérité d'un avide
J'ai déchanté en cupide

J'ai inscrit le mot fin à ma vie
J'en avais une folle envie

J'ai le choix entre me dilater la rate ou me la
splénectomiser.
À ne pas répondre au chirurgien de la salive j'ai
économisé.

J'ai mis en pratique le lâcher-prise
En me détachant de mon entreprise

J'ai mis mon âme fatiguée au repos
À faire le bien je ne suis plus dispo

J'ai participé malgré moi à une course d'amok
Pour mes proches mon suicide fut un véritable choc

J'ai reniflé à la paix tout son havre
À ne sentir que l'odeur du cadavre

J'ai tiré le diable par la queue croyant qu'il m'en
tomberait des piécettes
Transformé en bandit manchot il ne m'a en rien
aidé à faire recette

J'ai vendu mon âme et depuis je me morfond
C'est ce que j'avais de plus secret de plus profond

J'ai vidé ma mémoire comme on jette un regard sur
son passé
Telles ses photos jaunies dans un coin de ses
souvenirs bien entassés

J'ai voulu battre du zèle
Volant de mes propres ailes
Je n'ai pas su tempérer mon excès
Ils n'ont pu que constater mon décès

J'ai voulu faire un peu trop de zèle
Aux yeux de la séduisante Gisèle
Je n'ai pas su bien me tempérer je crois
De plus mon dévouement empressé s'accroît

J'aurai voulu avoir du pain sur la planche
Enfarinée jusqu'au bout des doigts, je flanche
Je vais fermer boutique tantôt
N'aurez plus de miches d'aussitôt

J'avais à l'esprit que le mal était en moi
J'en pris conscience et ce fut non sans émoi

J'écris un poème
Un peu trop bohème
Son contenu me ravi
Il parle de Moravie

J'évite de remonter le contre-courant de ma Pensée
Car dans le sens contraire d'elle pourrais me
dispenser

J'excède en entier dans le bien être
Sur votre monde ouvre la fenêtre
Dans sa totalité le bonheur va apparaître
Le partage afin de vous le faire connaître

J'habite sur un caillou posé sur l'océan
Déposé seul suis resté tel quel sur mon séant

Jamais oh non jamais un poing levé rageur
N'aura autant de force qu'un mot tapageur

Jamais plus nous nous reverrons
Mais toujours nous nous rêverons

Je braderais le silence
Si j'étais plein d'insolence

Je devrais pourrir en toute logique
Je n'ai qu'une âme écologique

Je différencie l'acte commis par un banqueroutier
Au braquage sanglant perpétré en plein trafic
routier
Tant pis pour la morale et les personnes choquées
Dans le fait divers il sera constamment évoqué

Je dis à ceux que cela interpelle
''Comme on défait son lit, on se pèle ''

Je dois être aux abois
Après moi les chiens aboient

Je me réfugie au fond des bois
Là où tout un monde giboie

Je fais du mal aux gens d'arme
Je fais du bien aux gens d'âme

Je ferai dans la démesure riche et immense
Je mettrai les puissants dans l'ambivalence

Je l'entends à demi-mot sa plaisanterie
Si bien qu'à moitié avec peine j'en ai ri

Je le fais avec assiduité
Depuis que je suis en viduité

Je m'interroge un temps qu'est-ce ?
En faisant de nombreux pataquès

Je me régale d'un petit noir gobé sans lui casser du
sucre sur le dos
Je suis en joie d'avaler un petit blanc après avoir
porté un lourd fardeau

Je me suis passé de biens me voilà devenu chiche
Trop généreux je vais avoir du mal à être riche

Je me veux quotidien et inévitable
Car ma grande faim me fait passer à table

Je n'ai pas l'heur de lui plaire
Avec mon air exemplaire

Je n'ai rien à perdre de combattre
Mon ennemi a tout à gagner à se débattre

Je n'ai rien gagné de particulier
C'est un peu singulier

Je n'ai trouvé qu'aloétique
Pour rimer avec poétique
Sont-ce là des vers cahoétiques

Je n'aurai aucune excuse
À ce que l'on me récuse

Je paye très cher ma crédulité
Des doutes sur son infidélité

Je pensais fléchir à l'idée de faire écho à mes
facultés
Je me suis retrouvé sur les genoux sans aucune
difficulté

Je prends un gros coup de cœur significatif
Quand elle m'enlace sans justificatif

Je reconnais bien là mes erreurs
Par conséquent toutes tes horreurs
Et mon audace si lâcheuse
Dans cette épreuve fâcheuse

Je suis en mesure d'arpenter de l'homme sa
bassesse

En prenant en compte sa honte dans toute sa
largesse

Je suis figé comme l'igloo sur la banquise
Je demeure de glace en terre conquise

Je suis le terminus de votre vie prenez place
Vous emmène au paradis en première classe

Je suis ravi de ma moisson
Sans vouloir noyer le poisson

Je suis un vilain je suis un méchant
Forcément au mal je suis attachant

Je végète seul sans pouvoir m'endormir
Me laisse aller afin de m'en sortir

Je veux mais je ne peux
Je peux alors je veux
C'est du sens contradictoire
Pas de quoi crier victoire

Je voudrais bien vous voir à l'œuvre
Quand vous avalez des couleuvres

Je voudrais un petit noir sans sucre car beaucoup
ont cané sur mon dos
Lourd héritage d'un esclavagisme que le racisme a
pris pour fardeau

Je vous le dis c'est la faute à l'outrance
Dans ma révolution je rentre en transe
Je le fais avec outrecuidance
Entre nous parfaite concordance

Je vous le dis clairement
Vous me le paierez chèrement
De votre part un tel revirement
Entraîne un profond chavirement

Journaliste le mot est important
Et l'info qu'il rapporte tout autant

L'âme dans le corps acère
Tel que l'esprit y macère
Mais le damné ses maux y lacère
Le souffle divin d'autant s'ulcère

L'ami on Fritz le ridicule
Propagande nazie sur pellicule

L'amitié est un juste équilibre satisfaisant
Qui évite bien de basculer dans le malfaisant

L'amour est bien au chaud
Dans un cœur d'artichaut
Y devient volage
À son effeuillage

L'amour est complétement abstrait
Mais sur ton portrait, il prend forme

Dès lors que je le peins trait pour trait
À ma joie il devient conforme

L'amour est une partie de poker
Où le moins menteur pour beaucoup y perd

L'amour n'a pas de sillon il n'a que des marques
Car seul les amoureux dans les prés les remarquent

L'amour se clame haut et fort
Ne réclamant pas trop d'efforts

L'Anglois comme dialecte
Pour du François selecte

L'artificiel du rose ciel
Est souvent très circonstanciel

L'attente est dissimulée dans le temps
D'espérer la découvrir il faut pourtant

L'aube est plus équanime
Qu'une nuit qui trop s'anime

L'auxiliaire humainement s'impose
L'attribut de l'être s'y juxtapose

L'avare et l'escroc font tronc commun
Quand ils amassent un profit chacun

L'éclat de la France souveraine ne pouvait se mirait
qu'en Diane

Sa beauté d'aujourd'hui nous la fait miroiter dans sa
version Marianne

L'envie du passé, s'est définitivement éloigné
Ne paniques pas sur ton futur encore épargné
Motive-toi davantage sur ton présent consigné

L'envie érode les cupides
Tout en corrodant les avides

L'Éternel à chaque fois, nous montre son doigt
De l'exhiber à notre tour somme en droit

L'éternel ne peut se revendiquer d'être unique
Je le postule en tant que personne cynique

L'éternité à subir
C'est un dieu à s'estourbir

L'exactitude est la politesse des rois
Mon retard accumulé exprime leur désarroi
Que leurs majestés veuillent me pardonner
À la nonchalance me suis adonné

L'extase se capte à diverses latitudes
Cela en résulte d'étonnantes amplitudes

L'histoire s'apprend au présent avec un grand H
Ses exercices ne peuvent s'écrire sans tache

L'homme aime la femme quand il veut
Mais la femme ne fait aucun aveu

L'homme de bien est un grand modèle de vertu
Si bien que l'homme de main d'en avoir s'évertue

L'homme idéal a du charme dans son âme
Pour raisonner tendrement dans celui des femmes

L'homme infatué par son savoir
De se taire en devient son devoir

L'homme se donne à la foi
À dieu au diable quelquefois

L'ignorant se donne au dévouement
Car personne ne veut du dénouement

L'impureté répand ses rhizomes
C'est un mal profond pour tous les hommes

L'inauguration d'un magasin vous remplit de joie
Mais sa fermeture annoncée vous laisse sans voix

L'indigent devient hétéroclite
Si bien que sa pensée périclite

L'indiscutable ami attentionné
Se dérobe à l'amour ambitionné

L'indubitable être
Est disposé à paraître
C'est selon ou peut-être
Il le laisse transparaître

L'instant présent je le vis subtil
Mais l'instant d'après qu'en sera-t-il ?

L'obscénité diantre
Perçue par des oreilles chastes
Dans la vertu toutefois n'entre
Son domaine paraît si vaste

L'obscénité fait tache quand elle vous éclabousse à
la figure
Pour la parer la politesse a besoin de toute son
envergure

La béatitude découle de son aptitude
Qui dépend de son attitude
Sous certaines latitudes

La beauté à fleur de peau se perçoit
La laideur à la surface se voit

La beauté elle ne peut être conforme
Qu'à l'idéal esthétique mis en forme

La bête immonde est humaine
Elle tient le monde en haleine
En se déguisant et en se dissimulant dans le
troupeau
Pour la repérer il suffit de lui enlever son chapeau

La bête sauvage mute en intransigeante
L'oisive éduquée se sait plus exigeante

La bonté admet à livrer un minimum
Qu'à fournir à propos un maximum

La cause est entendue
L'avocat était attendu
La justice rendue
Le condamné sera pendu

La charité a certes un vrai coût
Son prix d'excellence y fait beaucoup

La chasteté est une qualité rare
À nulles vicelardises ne s'égare

La classe des nobles se distingue
Par sa qualité innée c'est dingue
Et son degré d'instruction
S'élève sans restriction

La coïncidence contingente
A forgé la confusion divergente

La condition c'est de recouvrir votre peur
Comme celle du castor envers le trappeur

La faute toute interdiction brave
Se met en cause quand ça devient grave

La femme de l'homme doit se préserver
L'avenir semble lui être réservé

La femme de l'homme est à prévenir
À l'horizon qu'en est-il de son devenir ?

La fidélité reflète dans un miroir sa belle image
Quand celui -ci se brise on ramasse seulement les
dommages

La fleur au bout du fusil peut être létale
Nul est besoin d'arracher le premier pétale

La foi de l'homme émerge au sein même de son
foyer
Parfois dans son appréciation sa famille peut s'y
noyer

La foudre a fait tomber la branche de l'arbre
Dans sa chute elle est restée de marbre
Lorsque les bûcherons l'ont tronçonné
En art insoupçonné c'est façonné

La franchise a pour nature en premier lieu
De ne pas altérer l'authenticité
Le ressentiment pourtant règne en son milieu
Elle y propage sa voracité

La frite se veut belge gastronome le français
En Outre Quiévrain les sourcils ont bien plus que
froncé

La fuite de gazole se renifle à plein poumons
bonjour les particules

Autour de ses gouttelettes, en aérosol les impuretés
gesticulent

La grande bouche d'un mythomane use plus de
salive
Qu'un loquace après avoir dénoyauté une olive

La guerre est tombée sur le râble
D'un cessez-le-feu se prétendant durable

La honte est une maladie ordinaire
Au fond de nous elle y reste stationnaire

La Lybie ne peut être une lubie
Du fait du prestige de sa nababie

La malbouffe est cuisinée pour les fainéants
Ceux qui de la gastronomie connaissent néant

La malveillance est un pur plaisir pour celui qui
l'applique
Mais devant un tribunal sans peine il faut qu'il s'en
explique

La mise en bière d'un goulu
En quelque sorte il l'a voulu

La mort à ma fin m'invite
À la rejoindre au plus vite
Elle me presse de passer de vie à trépas
De plus sans finir mon dernier repas

La mort se permet d'intervenir à chaque instant
Alors que la vie conçoit de s'effacer avec le temps

La musique en première instance
Celle qui fait boum-boum avec insistance

La nature se prend du dégoût
À la sortie d'un sombre égout

La neige est d'une pureté trompeuse
Comme l'avalanche est enveloppeuse

La nuit est là pour que le rêve se matérialise
Afin qu'au grand jour entièrement il se réalise

La part du lion est jetée au trublion
Le reste est partagé entre pygmalions

La plume du poète a le bout rimé
Une kyrielle de vers s'y est arrimé

La poésie du Mistral décoiffe les nuages
En un souffle divin s'emmêle dans ses rouages

La police se trouvait bien aux aguets
C'est ainsi que l'*Alpagueur* fut alpagué
Malgré ses menottes tel un oiseau bagué
Dans son évasion il a beaucoup zigzagué

La précipitation a fait naître la vulnérabilité chez
l'ibère

De cette faiblesse fatale il faut absolument qu'il se
libère

La raison se veut effective
Quand la pensée est affective

La révolution a démoli quelques bâtiments
Causant à l'empire de véritables châtiments
Plus de palais impérial
La fin du dictatorial

La sagesse son message te délivre
Couche toi tôt lorsque l'ivresse t'enivre

La sieste en plein air n'est pas de tout repos
Surtout lorsque l'on a oublié son chapeau

La société a pris le poète en otage
Lui, qui faisait des rimes de bas étage
Vermoulues étaient les marches du succès
Quand l'aède les a clamés en excès

La société a ses dépendances
Et le Cartel ses correspondances

La somme de mes pensées ne pèse pas bien lourd
Après mûre réflexion, je me sens léger et balourd

La tête tranchée maintenue tout au bout d'une pique
Comme conclusion on ne peut pas faire plus épique

La valeur de l'âme s'est faite emprisonnée dans une
cage
Derrière les barreaux sans cœur, les mauvais esprits
font blocage

La vie est concise
Et la mort précise

La violation orne les prunelles du vicieux
Fermez-lui donc ses deux paupières aux noms des
cieux

Le bédoin n'a nul besoin de prêcher dans le désert
De conviction dans sa foi envers son dieu, est disert

Le bon ou le mauvais caractère
Tous les deux se jugent sur critère

Le boulet de canon fait entrave
Quand il est bien tiré sur l'étrave

Le cadavre flottant au milieu de la piscine
Fluctue comme les feuilles mortes d'une glycine
Ce qui a trait à la mort me fascine
Le meurtre à grande dose, me vaccine

Le casse raté d'une banque aux braqueurs, déroute
Cet échec de l'holdup s'appelle une banqueroute

Le cliché alimente la rumeur
Du stéréotype, est l'arrimeur

Le cœur est unique en sincérité
Le bel esprit n'est que son aspérité

Le cœur fait corps à ta vie
Mais aussi à ton envie

Le courage se permet d'oser
Néanmoins, il faut bien le doser

Le danger a ses beautés
Les tourments leurs cruautés

Le désœuvrement un grand sinistre peut provoquer
Si la chasteté n'opère rien pour le révoquer

Le dévouement est pourtant proche
Aucune anguille sous roche
La mort sur le souffreteux a mis son grappin
Annule mise en bière pour les clampins

Le diable doit prendre toutes les peines
Pour me précipiter dans la géhenne

Le doigt accusateur de Dieu
Le pointe hélas fastidieux

Le fier chatelain boit sa tisane
Avec sa charmante courtisane
En attendant fatalistes chacun leur exécution
Effet d'une révolution avec ses répercutions

Le fouet le mors ou la verge se lient au châtiment
Ils ne sont pas utilisés pour faire du sentiment

Le guerrier n'a de maître que son arme
Avec son ennemi, en rien désarme

Le manque est une terrible épreuve
À laquelle les pleurs incessants s'abreuvent

Le mensonge peut aller très loin dans sa conviction
En déracinant la vérité par son éviction

Le moment présent je le vis subtil
Mais pour l'instant d'après qu'en sera-t-il ?

Le pape contesté papillonne dans sa papauté
L'homme d'église perd le nord par foi sa tiare ôtée

Le paradis artificiel
Est de la couleur rose ciel
Si si demandez à l'oliphant
Je me trompe c'est un éléphant

Le pêcheur attrape le poisson en l'asticotant
Comme le poète taquine le ver tout autant

Le plaisir est lié à qui le façonne
Et son substantif pour qui le maçonne

Le potentat s'abreuve de notoriété
Il étanche sa soif en toute satiété

Le presque pendu
Est sujet tendu

Le prix du forfait considéré comme un acompte
Se justifie quand les victimes sont prises en compte

Le raisin de son ire est le cardinal
Ce passereau qui se prend pour un prélat original

Le recel est un fruit défendu
Sa récolte vite pourfendue

Le résultat de ma chute est au fond du puits
Non je n'ai plus jamais jeté de pierre depuis

Le sadisme chez les adultes est de taille élevée
Discrètement sa forme chez l'enfant est dès fois
révélée

Le Shah d'Iran perce le mystère de Persépolis
Tandis qu'un Ayatollah à son peuple fait la police

Le silence coupable ne secrète rien de bon
Le bruit par son absence est souvent nauséabond

Le temps un jour finira par tout dissocier
Parmi ceux qui ont mis longtemps à s'associer

Le vieil homme qui s'est décontracté à même son lit
Est à l'image d'un bon cru qui a déposé sa lie

Légers mots nient aux maux lourds
Propos gras un peu balourds

Les absents culpabilisent
Les présents les responsabilisent

Les amis de mes amis
Peuvent être ennemis

Les derniers agriculteurs par la terre de nous
nourrir tente
Si différent un genre humain de culture se sustente

Les deux faces du peuple, côté pile le bloc unitaire
Sur le flanc visible une énorme masse prolétaire

Les effets néfastes de la main des hommes
Fait que l'impureté répand ses rhizomes

Les embrassades excessives
Font les étreintes trop passives

Les êtres humains au mal se mettent à l'épreuve
De difficultés supplémentaires ils s'abreuvent
Quand sur eux les maux de la terre pleuvent
Quels sont les animaux qui s'en émeuvent ?

Les gracieuses consciences aboutissent
Quand les vilains entendements pâtissent

Les grandes illusions se consument comme les
chandelles

Après qu'elles se soient éteintes ne sais toujours rien
d'elles

Les péripéties d'une péripatéticienne en périphérie
Sont loin d'être considérées au quotidien comme
une féerie

Les personnes aux âmes charitables
Ont toutes un esprit indiscutable

Les qatariens possèdent moults biens
De presque rien, ont les namibiens

Les sentiments qui poussent à aimer sont insipides
Lorsque les penchants de l'amour deviennent
insapides

Leurs amours devinrent libertines
Un temps elles furent cabotines

Lever la main avant vos camarades pour donner
réponse
C'est ainsi que votre instruction haut et fort à tous
s'annonce
Vous élevez votre savoir geste apprécié par votre
instructeur
Renoncer à le faire est qualifié beaucoup plus
réducteur

Lorsqu' une maladie incurable alarme
Apprêtez-vous à quitter la vallée de larmes

Lorsqu'une opinion flatte
La louange reste plate

Lorsque l'on ne trouve aucun traitement à tous ses
maux
Inutile de faire sa prière à demi-mots

Lorsque l'utopique s'applique
Le palpable en rien s'implique

Ma conscience n'a aucun besoin d'assistant
Quand il est particulièrement insistant

Ma mort ne sera pas une offrande glorieuse
Je la préfère si possible dès plus radieuse

Ma souffrance ne veut pas vous imposer
En paix, ne veut point encore me reposer
Avec force un courage supposé
D'affronter la mort oui j'ai enfin osé

Machinalement je les interromps
En moi cela ne tourne plus très rond
Marchant sans cesse à l'envers
Faisant le tour de mes travers
Avec mes amours
Ne suis plus à jour

Mais pourquoi donc me pardonner qu'à moitié
Alors que je suis coupable en entier

Maître boulange ferme son commerce
Ses clients en tombe à la renverse
Adieu au pain bien frais
Il avait tout de vrai

Manuscrit effacé alors pour mon nouveau texte sur
palimpseste
Je m'applique pour le mieux d'autant que j'écris
avec en main un ceste

Marie Salope à l'ouvrage
À sa fonction ne fait l'outrage

Massif béni des dieux le Karakoram
Aux hommes grimpeurs prend parfois leur âme

Maux d'amour au mauvais moment
Pour en guérir on fait comment ?

Même l'écriture n'est pas appliquée
Son auteur va devoir s'en expliquer

Mener un âne à l'auge sans le contraindre de lamper
Il faut se lever à l'aube pour ne point le voir
décamper

Méprisée rejetée telle la brebis galeuse
Qui sait pourquoi un jour elle devient coléreuse

Mère miséricordieuse
Rend fille acrimonieuse

Mes crédits ont été suspendu
Si bien que je me suis rependu

Mes prédécesseurs ont ensemencé ce que je mange
aujourd'hui
Demain je sèmerai la mauvaise graine fortement
j'en déduit

Mes yeux se sont fermés face à l'enfer
J'ai pourtant combattu en homme de fer
J'aurai voulu le faire en paix
La guerre n'a plus aucun respect

Mets ta formalité en application
Son message est sa signification

Moi je t'apporte en renfort
Un maximum de réconfort

Mon cœur assiégé raisonne tambour battant
J'ai l'intention d'être un digne combattant
En éradiquant la douleur qui m'enserre
Car la maladie étripe mes viscères

Mon dieu ! triste en est ce texte
C'est peut-être dû au contexte
Même l'écriture n'est pas appliquée
Son auteur va devoir s'en expliquer

Mon grand pas dans le vide
Vous laisse impavide

Ne jamais, dire au revoir aux Dieux
En le leur signifiant radieux

Né quelque part pour mourir meilleur
En ayant vécu ma vie ailleurs

Ne sont que plus malveillant le cruel et le barbare
Qu'envers le féroce constat qui n'est pas si rare

Ne te maintiens pas dans l'expectative
Si ton souhait n'est point sa directive

Ni chair ni poisson
C'est assez complexe
Ni jus ni boisson
Se dit le perplexe

Nombre de rêves se réalisent
Autant de chimères s'éternisent

Nos progénitures
Dans la confiture
Étale au mieux leur savoir
Avant de faire leur devoir

Notre existence se nourrit de pitance.
Est-ce suffisant comme subsistance ?
Du bien fait de cette offrande
Le monde en redemande

Notre temps sur terre finit par se démoder
Notre vieillesse a mal à le raccommoder

Notre vie a sa propre résurgence
Mais à la sonder il y a urgence

Nous pourrons ouvrir grandement les yeux sur un truisme
Quand se refermeront les paupières de l'altruisme

Nous sommes deux si j'additionne
A l'affirmer me conditionne

Nul besoin de leurre ou bien d'appâts par duperie
Au bout de l'hameçon se tortille la tromperie

Nul besoin de torturer un texte
Afin de le déformer au prétexte
Qu'il ne rentre plus dans le contexte

On a coupé les mains au généreux donateur
Comme la parole au tribun narrateur
Pour qu'il ne dilapide plus la charité
Paraît-il pour une question de parité

On divorce aussi dans le monde adultère
La séparation y possède moins de critères

On fait la paire avec mon ego on s'additionne
Mais pourtant à l'affirmer tout haut seul je l'ambitionne

On la désire douce et câline
Quand elle s'ordonne masculine
Au féminin, se veut fort féline

On m'a diagnostiqué une présence de trouble
Seul ennui je vois désormais, le bonheur en double

On m'a ramené à la vie en toute sérénité
Mort de frousse que j'étais depuis une éternité

On n'a pas plaisir de se dire adieu
Mais d'un certain désir on le dit à Dieu

On n'est pas de la vie forcément esclave
À moins d'être né avec une entrave

On ne devient pas malade tardivement
En se prétendant souffreteux hâtivement

On ne dilapide pas la charité
Au prétexte de questions de parité

On ne donne pas tout de son savoir
On ne préjuge de rien de ce qu'on peut percevoir
On ne réalise guère qu'on a enfin le pouvoir

On ne peut mettre une fin heureuse au tragique
Impossible sa mise en place côté magique

On ne peut opposer un objet inanimé à un être bon
vivant
Puisque l'un est envoûtant et l'autre plus ou moins
captivant

On ne peut se lasser d'une faculté
On ne sait d'une fonction l'occulter

On ne prend jamais le dessus d'une tempête
On s'en dissuade vite je vous le répète

On ne se console pas avec une monténégrine
Lorsqu'un laps de temps, votre vie dissolue vous
chagrine
Elle aurait pu être tout aussi bien macédonienne
D'autant plus qu'elle vous a achevé sur la
méridienne

On ne voit nullement davantage de ses qualités
Que dans le renvoi de son image en réalité

On pêche le poisson en l'asticotant
On se dépêche de l'attraper en le taquinant

On peut dissimuler sa fortune dans la pénombre
Exposé à la lumière il se verra en (n)ombre

On peut être envieux de sa jeunesse
Tout en étant en vie dans sa vieillesse

On peut se noyer un jour dans un fleuve sacré
Au nom d'une religion qui lui est consacré

On pratique le clavardage à loisir avec des
internautes
Dans un espace de bavardage attribué aux
spationautes

On prête aux fortunés d'en avoir
Elle ne se donne pas par devoir

On revient à ses premières amours
Comme on s'en retourne tous les jours

On s'accommode du silence apaisant
Mais beaucoup moins du bavardage pesant

On s'apitoie aux souffrances qu'on endure
On se lamente quand elles sont plus dures

On s'habitue à la bouche qui complimente
Mais beaucoup moins à celle qui alimente

On se chinoise puis on se cherche des noises
Notre diplomatie ces temps-ci est sournoise

On se transforme en César pour un empire
En modifiant l'image de Dieu au pire

Ouvrant une fenêtre
Accède au bien-être
Du monde se faire connaître
De la plénitude bien naître

Ouvrier sur les trente cinquièmes heures rogne
Il est temps devant le chef de pointer ta besogne

Ouvrir les yeux et découvrir autre que la vérité
Puis refermer ses paupières en toute sincérité

Ouvrir son cœur est une opération savoureuse
En amour elle n'est absolument pas douloureuse

Par la faute de la seule ivraie
L'herbe ne poussera plus pour de vrai

Par le mot révoltant d'indigène
C'est sa terminaison qui me gène

Par le poids de ses maux la noblesse dépitée
Sûr elle finira par être décapitée

Par le soleil aux reflets d'or la mer s'argente
De s'enrichir il y a façon plus urgente
Que de pêcher tout l'or des océans
En rêvant bien assis sur son céans

Par les deux bouts se mange une banane
Tout comme se goûte un saucisson d'âne ?

Par un sentiment intrépide
Le grand amour se dilapide

Parfois colorés tout en nuance, les mots se décrivent
Dans le ton approprié, en consonnance ils
s'inscrivent

Partisan de la puissance souveraine
Vous resterez à jamais homme de peine

Parvenu à l'âge où les passions s'éteignent
Il m'a fallu cent ans pour que je les atteigne

Passe, repasse ; trépasse sur le billard
Je deviens ainsi un corps mort pour corbillard

Patois nîmois, mais c'est qui alors ?
C'est un autre...dialecte, dès lors !

Payer un lourd tribut à la nature
La mort à la vie n'est qu'une rature

Pénélope entreprend mais n'achève rien
C'est ce que j'affirme en censeur césarien

Penser plaire à tout le monde
Ne se fait pas dans la seconde

Personne ne s'est donné en exemple
Alors ma soumission sera plus ample

Personne sur terre ne connaît le prénom de Dieu
De lui en trouver est fort dispendieux
Au nom des cieux, aidez-moi à le baptiser
Avec lui en ami, je voudrais pactiser

Persuader un crédule que Dieu n'est qu'histoire
fabuleuse
C'est laisser choir les convictions d'un naïf dans sa
nébuleuse

Persuader un crédule que Dieu n'est qu'histoire
fabuleuse
C'est laisser choir les convictions d'un naïf dans sa
nébuleuse

Petit, je cherchais des tâches au soleil
Aujourd'hui je tâche de faire pareil

Elles se sont éclipsées comme effacées avec le temps
La prudence m'a dit de ne pas rester exposer
longtemps

Pile-poil entre tes yeux, ma belle
N'y aperçois qu'une glabelle
Parmi deux sourcils rebelles
D'une taroupe isabelle

Plus le baiser est dense plus l'amour se condense
Ainsi deux cœurs palpitent pour toute évidence

Plus on s'éloigne du dieu Jupiter
Moins on craint les foudres d'un magister

Point de brebis galeuse au clergé l'évêque s'insurge
En son sein ne veux qu'un troupeau de mouton de
Panurge

Possède en moi un être
Qui ne demande qu'à naître
Nous sommes deux à le reconnaître
Mon jumeau ne peut me méconnaître

Pour alimenter la passion et l'utilité
La polémique y nourrit sa futilité

Pour avoir égaré votre splendeur
Il suffit de retrouver votre verdeur

Pour avoir la faculté de s'instruire
Il faut au préalable la construire

Pour faits grammaticaux ou phonétiques
De par le français et ses diacritiques
Je suis en droit d'émettre des critiques

Pour moi un dieu olympique
Doit être philanthropique
Ou bien un sportif atypique
Sûrement pas misanthropique

Pour ne pas être allé à Canossa la vénérable
Il ne me reste plus qu'à faire amende honorable

Pour que je puisse corriger mes défauts
Prêtez moi vos yeux mais pas ceux qui sont faux

Pour que jeunesse prenne place
Faut que vieillesse se déplace

Pour que s'oppose un objet inerte à un être bon
vivant
Il faut que l'un soit envoûtant et que l'autre bien
plus captivant

Pour redistribuer les quotités de l'épicurisme
Il faut faire l'échos à l'optimisme

Pour ses fidèles Allah est au plus haut des cieux
Ils sont bien bas dans leur raisonnement pernicieux
Redescendez sur terre misérables croyants
Le paradis n'est pour vous qu'un rêve foudroyant

Pour tous ceux qui des bons plats ne connaissent
que le néant
La malbouffe s'accommode en mal à leur séant

Pour toute évidence deux cœurs palpitent
C'est les amours alors qui se précipitent

Pour un dieu autrement stéréotypique
Problème il est un peu trop atypique

Pour un rapprochement prenez la mesure spécifique
Entre un krill et une baleine bleue du Pacifique

Pourquoi garder en soi tant de rancœur ?
C'est uniquement pour briser les cœurs

Poux et tiques ne font qu'un sur la truie
Poétique sont les vers sur autrui

Prévoir et apercevoir l'avenir
À demain pour certains d'y parvenir

Prodigieux serait notre merveilleux monde
S'il était infecté d'amour à la ronde
Aucun remède n'y viendrait à bout
L'animosité y serait taboue

Qu'il est triste ! Mon dieu ce texte
C'est peut-être dû au contexte
Même l'écriture n'est pas appliquée
Son auteur va devoir s'en expliquer

Quand l'âme s'interpose
À l'esprit indispose
L'auxiliaire humainement s'impose
L'attribut de l'être s'y juxtapose

Quand le mal est bien fait
Le bien ne se refait

Quand on espère le remarquable
On entrevoit d'abord l'immanquable

Quand on fait dans l'imaginaire
Le vrai paraît peu ordinaire

Quand on ne possède aucun prétexte
On ne peut vivre de plusieurs contextes

Quand servir à quelque chose est utile
C'est lorsqu'un moindre rien en devient futile

Quand souffle l'haleine c'est que le vent est mauvais
Envers son vis-à-vis, il est temps de se sauver

Quatre-vingt-quinze thèses font indulgence
Mais à la suivante point de divergence

Que dire quand on n'a rien à expliquer
Se taire mais se taire peut compliquer

Que le souffle s'y incarcère
En mélangeant ses maux sincères

Que me pardonne les défenseurs de l'extrême
Je crois que ma politique, leur est suprême

Quel que soit l'homme ou la femme qui scrute sans
fin l'horizon
Ses rêves d'évasion deviendront chimère depuis sa
prison

Quelle est la manière simplificatrice d'être jugé en
bien ou en mal ?
Aucune réponse n'est apportée de la part de
l'homme, ce drôle d'animal !

Querelle entre deux chasseurs, la tourterelle a du
plomb dans l'aile
Et du gros sel aux fesses au veneur comme blessure
corporelle

Qui le choix s'autorise
Le risque favorise

Qui maudit fort
Médit dès lors

Qui se contraint
Bien sûr s'astreint

Qui sème un jour grandement la terreur
Le lendemain récoltera le malheur

Raccrocher les bons wagons, il s'en tamponne
Tout comme du rapide Paris Craponne

Raffinée se cristallise la cassonade
Tout aussi bien s'acidifie la citronnade

Reconnu par mes pairs
De mes riches impairs

Redouter le moindre négligeable
Ne peut être plus envisageable

Réflexion et parole
Chez moi ont un vrai rôle

Relire des centaines de pages est un devoir
d'écrivain
Raturer des lignes est un exercice périlleux et vain

Remontez la rivière à contre- courant alternatif
Est l'invention débordante de pêcheur approximatif
Le poisson en restera expectatif
Au fil de l'eau dans le sens figuratif

Remontez le courant alternatif
De la lumière vous serez illuminatif

Remplir des centaines de pages est un devoir
d'écrivain
Tout en raturant des lignes entières l'auteur s'en
convainc

Rendez-vous était pris rue royale
Avec une infiltrée loyale

Devant la cinquième colonne
Partisane ou bien félonne ?

Réprimande ton ami à la dérobée
Glorifie le dans une grande envolée

Retiens en toi la méfiance
Quand tu parles de confiance

Révéler un secret prend du temps
Ne pas le dévoiler autant

Rompre l'amitié avec l'un des siens
Fait mourir à coup sûr le plus ancien

S V P, voudrais un petit noir sans sucre, car
beaucoup ont cané sur mon dos
Lourd héritage d'un esclavagisme que le racisme a
pris pour fardeau

S'en battre l'œil comme un colin-maillard
Qui s'en tamponne outre le coquillard

S'il avait été conçu en aluminium
Perette aurait rêvé de pandémonium

S'il vous reste quelques secondes à vivre
De l'éternité moi j'ai le savoir vivre

Sa gabegie souveraine en parfaite hégémonie
Entraîne son imbuvable réputation aux gémonies

Sans cesse, elles me coursent
De l'énergie débourse
Résultat des courses
Vides sont mes bourses

Sans travail, ai-je une chance de m'enrichir ?
Je vais tout mettre en œuvre pour y réfléchir

Se courroucent l'atrabilaire et le bilieux
Leur colère s'impose en un juste milieu

Se mettre à dos toute la souffrance du monde
Cela est possible à faire dans la seconde

Se perdre dans ses pensées
N'a vraiment rien d'insensé
Du moment qu'on se détache de la triste actualité
Emporté par une vague d'hébétude en réalité

Se proclame un beau sacre
Pleinement je m'y consacre

Sentir le vent du boulet
Et voir son bateau couler

Seul j'ai appris à rester
Contre le monde pester
D'inhumains est infesté
Ils doivent me détester

Seul je vais pédestrement sur la haquenée des
cordeliers

Chemin faisant j'ai croisé un franciscain marchant
sans soulier
Il tenait en main exercée un boulier
Qu'il ramenait, fort soucieux à l'atelier

Seul le chanceux peut s'enorgueillir de la connaître.
À plusieurs occasions, a su la faire renaître

Si j'étais fortuné immense plein d'insolence
Je mettrais les gentils nantis dans l'ambivalence

Si j'étais immensément riche plein d'insolence
Je préserverais tout mon pouvoir par la violence

Si je comprends bien ma position
Après deux ou trois suppositions
Je n'ai pas trouvé à mon existence sa grande
ouverture.
À ce jour je dois être probablement mort sous ma
couverture.

Si l'adieu pour toujours est un au revoir irrévocable
Alors il est temps de mettre un terme à ce vocable

Si l'amour est terrassé par un coup de foudre
Alors avec lui je suis prêt à en découdre

Si l'anathème à mon endroit a foisonné
Je n'ai de faveur pour ce cadeau empoisonné

Si l'appréhension n'examine pas ce qu'on redoute
Il est fort à craindre que l'on émette un grand doute

Si l'équité va à son bon endroit
La justice n'en perdra pas son droit

Si l'indélicatesse est tonitruante
La curiosité paraît toujours étonnante

Si l'inquiétude paralyse
Le courage, lui, électrolyse

Si l'odeur du pain lui est supérieure
La saveur de l'enfant est bien meilleure

Si l'on devait amalgamer le miel et le fiel
L'amour ne nous enverrait pas au septième ciel

Si l'on respire la nature, on y prend goût
Également à la sortie du pire égout

Si l'on s'égare longtemps dans les souvenirs
C'est qu'on a perdu son temps à les retenir

Si l'on souhaite s'instruire
Il faut d'abord se construire

Si la gonalgie est la douleur du genou
Alors l'énergie est celle des nerfs pour nous

Si la maladie arrive explicitement vite en vous
souffreteux
C'est qu'elle ne s'en retourne pas diligente à votre
corps comateux

Si la méchanceté est dans vos gènes
Votre antipathie sera sans-gêne

Si la mièvrerie est novice en matière de suffisance
Le faux-semblant lui, a la substance de l'arrogance

Si la victoire aime l'effort
La défaite déteste   les forts

Si le boulet de canon à l'ennemi, fait entrave
La boulette l'est davantage sur le brave

Si le capital en main est bien tenu
C'est que le savoir-faire l'a entretenu

Si le temps de notre vie nous est compté
Autant ses dernières heures les dompter

Si les grands absents culpabilisent
Les présents, se responsabilisent

Si Louis Rustin s'est uni pour la vie avec une pièce
en caoutchouc
La Rustine a réparé l'injustice faite à l'ingénieur
Paul Doumenjou

Si on affectionne tout du majestueux
On peut le faire aussi pour le vertueux

Si parfaite dans sa parfaite imperfection
Ici la beauté n'a pas besoin de réfection

Si s'élide, met la note
Si c'est l'ide mélanote

Si se raser est barbant
Barber peut l'être autant

Si tous tes rêves se réalisent
Toutes tes idées s'idéalisent
Debout, éveillé, ils s'analysent
Alors tes songes se matérialisent

Si tu es dans cet état ...de droit
Ta gestion faute à cet endroit

Si un administrateur déloyal t'accorde du crédit
À la première échéance en enfer il t'expédie

Si un regard semble affecté
C'est qu'un vide y est suspecté

Si un simple morceau d'étoffe peu faire étendard
D'un reste de magnificence le chiffonnier s'accoutre
Et se transforme aux yeux du monde en héros
standard
De son apparence illusoire il passera outre

Si votre supérieur n'est pas à la hauteur
Inutile de l'accabler en profondeur

Si vous devez pleurer ma mort pleurez-la avec joie
Le jour venu je ne vous en laisserai pas le choix

Si vous êtes à l'heure à venir, ne mettrai pas
longtemps
Si vous avez une minute j'ai tout le reste du temps
S'il vous reste quelques secondes à vivre
De l'éternité j'ai le savoir survivre

Si vous fumez grave la moquette
Pensez à enlever vos socquettes
De l'odeur certaines gens hoquète

Soit projeté dans un monde en subsistance
De ce don, de ce miracle je prends distance

Son sang est bleu ?
Noble parbleu !

Songe évasion en rase campagne
N'aie l'échappée belle pour seule compagne

Sont tombés bon nombre de G. I's de l'oncle Sam
Engagés dans un combat du nord au sud Vietnam

Souffrir du dos est plus châtiment que dommage
Cela dépend du vice et surtout de l'âge

Soulager par les ritournelles
Sont les déceptions sempiternelles

Sous la soutane point de doublure mais des reliques
Face aux enfants de chœur il va falloir qu'il
s'explique

Souvenez-vous la vie a une date d'expiration
Pensez-y souvent puis reprenez votre respiration

Sportez-vous bien et guerre hissez en paix
Déclaration d'intention du respect

Suis-je bien moi ou un ego quelconque ?
Bien entendu n'est pas mon être quiconque !

Supposez que le général trépasse
Ses soldats à la guerre font l'impasse
Mais le politique l'idée l'outrepasse

Supposons qu'un jour la mort soit enfin vaincue
Les spectres en seront les premiers convaincus

Supposons que la nuit tous les chats sont gris
Alors de quelle couleur est Mistigri ?

Sur le fil du rasoir que j'aiguise
Au poil près, me rase à ma guise

Sur terre je n'ai trouvé qu'un seul animal
Qui sache à la fois faire le bien le mal

Sur terre se dresse moins de sépultures de gens
remarquables
Que d'immenses mausolées d'hommes redoutables
et implacables

Sur un méchant coup de tête en mil morceaux je détone
Délivrant ainsi ma faculté d'un air monotone

Ta gestion faute à cet endroit
Si tu es dans cet état ...de droit

Telle une succession de gros problèmes
Leurs impacts se transforment en astroblèmes
Qui vous font devenir blême
Par leur noirceur pour emblème

Tellement on s'indiffère
Tout autant on pestifère

Tirage au sort du conscrit
Aux faits de guerre il s'inscrit

Tombant des nues le jour de la Pâque
Ma venue vous a semblé opaque
Parachuté que j'ai été en agneau de Dieu
Sept heure avant d'être cuisiné en ce lieu

Tombé au champ d'honneur le fier soldat en paix désormais repose
Le droit à une seconde chance le destin ne lui propose
Pour sa patrie il n'a pas demandé à mourir
Il ne s'était engagé que pour la secourir

Toucher de la main de manière ostensible
Peut grandement affecter un cœur dit sensible

Tournures calembredaines à fadaises humoristiques
De la faribole détient toutes les caractéristiques

Tous les deux la tête tranchée au bout d'une pique
Comme tragédie on ne peut pas faire plus épique

Tous rêves se réalisent
Les chimères s'éternisent

Tout aussi ruminante à paître
Que les vaches puissent le paraître
Elles broutent parmi leur bouses une herbe très
verte
Pour moi gens de la ville c'est une grande
découverte

Tout comme l'éléphant rose superficiel
Mon cauchemar n'est que circonstanciel

Tout le monde me prend pour un grand mariole
N'empêche, j'ai réussi ma cabriole

Tout un monde blasé qui tourne à l'envers
Équivaut à un démoniaque univers

Toute la magie dans le premier amour
C'est d'ignorer qu'il puisse finir un jour

Toute personne autre que soi.
À défaut de lien se conçoit

Trancher de la main de manière ostensible
Peut grandement affecter un cœur trop sensible

Transformé en dieu jupitérien
Pour avoir ses attributs
Retourne dans ma tribu
En pitoyable jeune terrien

Tristes allons fleurir les tombes de nos morts
Elles sont parfois embellies de remords

Trop artificiel était mon grand esprit
Alors on m'a implanté une intelligence
Depuis, avec elle j'ai un parti pris
Si bien que mon cerveau a fait avec convergence

Trop bavarde comme une pie qui se met à table
Après interrogatoire l'aveu fut charitable

Trop de choses pour l'homme, deviennent un
fardeau
Elles l'empoisonnent comme un mauvais cadeau

Trouver demeure à un exilé, n'est pas chose facile
Le réussir, c'est lui assurer un avenir plus docile

Tu tais tes maux par ton silence
La guérison en turbulence
De l'espoir l'ambivalence
De survivre l'insolence

Un baiser doux et rêveur donné en langueur
Mesure la mélancolie dans sa longueur

Un boulet de canon tiré sur l'étrave
A la progression du bateau fait entrave

Un cartésien égare sa capacité philanthropique
De l'humanitaire qui se grise d'alcool sous les
tropiques
C'est alors logique qu'il y perde de sa vertu épique

Un cœur inhumain ne peut battre longtemps par
nature
Il faut vite l'ouvrir et puis le jeter en pâture

Un corps salubre peut se badigeonner d'une eau
croupie
Cependant pour se guérir il déboursera quelques
roupies

Un cupide a coupé les mains à un philanthrope
Pour qu'il ne dilapide plus la charité
Alors le bienfaiteur les a tendus au misanthrope
Ainsi l'avarice put faire parité !

Un éminent maître de conférences
Agrandi son cercle de références
Au bout d'un mètre de circonférence

Un enfant né de la cuisse gauche
D'une légitime n'est pas plus moche

Un enquêteur a besoin de tout son flair
Lorsqu' il tire une affaire au clair

Un étranger s'excusera toujours de froisser la langue
française
Nous autres bien gaulois on n'en fera pas autant
avec l'écossaise

Un flocon qui s'agglutine à d'autres fait les
avalanches
Elle se déclenche souvent par celui qui est sur ses
planches

Un garde-malade est une barrière efficace
Elle est censée se fermer que de façon perspicace

Un homme fortuné
Par son flegme luné
Se sent importuné

Un homme s'est égaré parmi la foule
Puis l'instant d'après il s'écroule
En se noyant dans son malaise
Les gens avec la mort pas très à l'aise

Un homme simple peut s'amender
Deux hommes, c'est à se demander

Un maître grandi par son élocution
Et toute une série de locutions
De conférence en circonférence

Il a fait le tour de la référence

Un mal affecte, une plaie détériore
Mais il y a que le soin qui améliore

Un mal qui fait du bien ; bien me fasse
Un bien pour un mal plutôt cocasse !

Un peu d'égarement je vous transporte ailleurs
Tout là-bas où l'on rejoint les plaisirs les meilleurs

Un plus un fait deux si j'additionne.
Sur la totalité proportionne.

Un rien la détermine
Mais un tout l'extermine
Au quotidien elle fascine
Tout autant qu'elle nous bassine

Un S D F pousse son caddy rempli de charité
Jusqu'à son hébergement abritant sa précarité

Un signe de croix attire plus la croyance que la
foudre
Au destin faire un signe de la main je dois me
résoudre

Un tantinet de soutien
Une épaule maintien

Un temps j'ai réfléchi à la création de l'univers
Mais le cosmos, de ma pensée a pris le revers

Un très vieux lombric rampait vers sa fin tragique
Un poète le sauvait par ses vers magiques

Un vieux capelan de son vin béni me verse
Mon estomac après un temps me bouleverse

Un vin sacré devrait se déguster dans un calice
Son appréciation en serait d'autant plus un délice

Une catégorie d'hommes la terre à nourrir tente
Alors qu'un autre genre par la culture se sustente

Une certaine espèce de menteur avec le mensonge
se bonifie
C'est ce qu'on appelle communément, un
bonimenteur et je le certifie

Une femme éprise
L'audace ne méprise

Une fenêtre ouverte sur l'océan
Une porte fermée, derrière le néant
Je le regarde bien assis sur mon céans
Entre quatre murs, est prisonnier un géant

Une fois le pot au lait cassé
Le rêve est alors bien passé

Une infraction sadique orne les prunelles du vicieux
Fermez-lui donc ses paupières aux noms des cieux

Une lampe dite halogène
Éclaire la vision allogène

Uniquement un Suprême
Sait concevoir un Extrême

Verbeux et creux fut mon discours
A un nègre blanc n'ai pas eu recours

Victime d'une hémorragie digestive
Pour l'alcoolique c'est la mort en perspective

Vieillir est plus qu'un florilège
En quelque sorte
Mais vers la mort sans privilège
Hélas, nous porte

Vigoureux quand il vainc
Et puissant lorsqu'il peint

Ville étendue, immense solitude
Village perdu une grande quiétude

Vivante la langue tiendra toujours sa parole
Une fois morte elle n'aura plus aucun rôle

Vivre d'espérance est une chose capitale
Ça part d'une perception hautement fondamentale

Vivre en avare et mourir riche
De cet adage en rien m'entiche

Voir nos politiques placardés sur des polyptiques
Panneaux électoraux aux volets des plus pratiques

Votre Dieu vous masque que trop la vérité
De tous ses mensonges vous avez mérité
Il n'existe pas en toute sincérité
De cette franchise vous avez hérité

Votre estime dénote
Couac fait la fausse note
Quoique qu'il arrive
De jouer me prive

Votre regard est attiré par la couleur de l'or
Immédiatement vous en convoitez tous ces trésors

Voudrai savoir qui du pope grec ou de l'abbé latin ?
En homme d'église se rallie au seigneur palatin

Vous êtes commodément abusé
Via vos proches veuillez les excuser
Et non point les récuser
Ils finiront médusés

Vu mon grand âge j'ai voix au chapitre
Et mon opinion a valeur d'épître

C'est terminé.